www.ingramcontent.com/pod-product-compliance
Lightning Source LLC
Chambersburg PA
CBHW030720220526
45463CB00005B/2122
9781707445721